빛과 우주의 수사관
알버트 아인슈타인

빛과 우주의 수사관
알버트 아인슈타인

글 태미라 **그림** 이진우
초판 1쇄 발행일 2020년 9월 22일 **초판 2쇄 발행일** 2023년 10월 5일
펴낸이 박봉서 **펴낸곳** (주)크레용하우스 **출판등록** 제5-80호
편집 이민정·최은지 **디자인** 이혜인 **마케팅** 한승훈·신빛나라 **제작** 김금순
주소 서울 광진구 천호대로 709-9 **전화** (02)3436-1711 **팩스** (02)3436-1410
인스타 @crayonhouse.book **이메일** crayon@crayonhouse.co.kr

ⓒ 태미라, 2020
이 책에 실린 글과 그림은 무단 전재 및 무단 복제할 수 없습니다.

ISBN 978-89-5547-709-2 74080

이 도서의 국립중앙도서관 출판시도서목록(CIP)은 서지정보유통지원시스템 홈페이지(http://seoji.nl.go.kr)와
국가자료공동목록시스템(http://www.nl.go.kr/kolisnet)에서 이용하실 수 있습니다.(CIP제어번호: CIP2020036574)

빛과 우주의 수사관
알버트 아인슈타인

태미라 글 이진우 그림

크레용하우스

작가의 말

상상력과 호기심으로 세상을 바꿔요

'엉뚱한 상상'으로 수백 년 인류의 역사를 발칵 뒤집어 놓은 사람이 있어요. 바로 20세기 가장 유명한 과학자로 손꼽히는 아인슈타인이지요.

아인슈타인은 타고난 천재나 영재가 아니었어요. 어린 시절 아인슈타인은 선생님들에게 앞으로 커서 어떤 일을 해도 성공하지 못할 아이라는 둥, 아무짝에도 쓸모없는 아이라는 둥, 게으른 개라는 둥의 심한 말까지 들었을 정도로 학교생활에 제대로 적응하지 못했거든요.

하지만 아인슈타인에겐 남들보다 엉뚱한 상상력과 더 많은 호기심이 있었어요. 아인슈타인은 말했지요.

"나에게 특별한 재능은 없어. 그저 호기심이 아주 많을 뿐이지. 상상력은 지식보다 더 중요해. 지식은 한계가 있거든. 상상력은 세상의 모든 것을 담을 수 있어."

잠깐! 여러분도 세상에서 둘째가라면 서러워할 만큼 엉뚱한 상상력을 갖고 있잖아요. 그리고 누구보다 궁금한 게 많은 호기심 대장이기도 하고요! 그렇다면 여러분은 이미 21세기를 빛낼 과학자가 될 가능성이 아주 충분해요.

지금 이 순간에도 머릿속에 '물음표'가 가득하다고요?

호기심이 생겼다면 마치 사건을 파헤치는 수사관처럼 꼬리에 꼬리를 무는 질문과 추리로 궁금증을 끝까지 해결해 봐요.

"중요한 것은 질문을 멈추지 않는 거야! 지금 호기심이 생겼다면, 그 호기심은 나름의 존재 이유가 있거든."이라고 말했던 아인슈타인처럼요.

자, 그럼 이제 숨겨진 빛과 우주의 비밀을 파헤치는 아인슈타인의 엉뚱하지만 흥미진진한 이야기 속으로 떠나 볼까요?

태미라

차례

아인슈타인은 멍청이?   8

엉뚱한 상상이 첫 사고 실험으로   26

아인슈타인, 수사관이 되다   35

전쟁 속, 평화를 외치다   72

아인슈타인의 생애   86

아인슈타인은 멍청이?

"으앙 으앙 으아앙."

1879년 3월 14일 독일 울름이라는 작은 마을에 한 아이가 태어났어요. 아버지 헤르만과 어머니 파울리네는 막 태어난 아이를 보며 벅찬 기쁨과 동시에 걱정이 밀려왔어요.

"어머나! 우, 우리 아기 머리가 다른 아기들에 비해서 너무 크지 않아요?"

"음, 게다가 뒤통수가 심하게 툭 튀어나와서 머리 모

양도 좀 이상한 것 같고…….”

혹시 장애가 있는 건 아닌가 싶었지만, 다행히도 몇 달이 지나자 여느 아기들과 비슷해졌어요. 이 아기가 바로 먼 훗날 세상을 발칵 뒤집어 놓을 천재 과학자 아인슈타인이 될 거라곤 꿈에도 생각하지 못했어요.

그럴 만도 했던 게 아기는 보통 두 살이 지나면 말하기 시작했지만, 아인슈타인은 세 살이 되도록 말을 제대로 하지 못했어요. 그래서 집안일을 도와주는 가사 도우미는 아무도 없을 때마다 아인슈타인에게 '멍청이'라고 불렀지요.

어린 아인슈타인은 생각도 조금 특이했어요. 갓 태어난 여동생 마야를 처음 보자마자 말했어요.

"어? 바퀴는 어디 있어요?"

가족들이 동생이 태어나면 매일 함께 데리고 놀 수 있다는 말을 듣고, '아, 동생이란 건 가지고 노는 장난

감 같은 거구나.' 하고 생각했던 거예요. 아인슈타인은 엄마 뱃속에서 바퀴 달린 동생이 태어나지 않아서 조금 실망했지만, 아인슈타인과 마야는 장난감보다 훨씬 좋은 둘도 없는 오누이가 되었지요.

오, 놀라워! 나침반

아인슈타인이 다섯 살 때 열병에 걸려 하루 종일 누워 있을 때였어요. 아버지는 심심해하는 아들을 위해 장난감처럼 갖고 놀라며 나침반을 선물했어요.
"어? 이건 뭐지?"
아인슈타인은 눈이 번쩍 뜨였어요. 태어나 나침반이라는 걸 처음 봤거든요. 나침반을 이리저리 돌리면 바늘이 뱅그르르 돌다가도 항상 같은 방향, 북쪽을 가리

키며 오뚝 멈추는 게 아니겠어요! 호기심이 유난히 많던 아인슈타인은 그날 밤, 나침반을 가지고 노느라 한숨도 자지 않았어요.

훗날 아인슈타인이 그날을 기억하며 말했어요.

"지금도 생생하게 기억나. 모든 게 그날 그 나침반을 만나면서 시작되었던 거야. 눈에 보이지 않는 힘이 나침반을 움직이게 하는 건 정말 놀라웠어. 그래서 사물들 뒤에는 뭔가 신비롭고 놀라운 것이 숨어 있구나 하고 생각했지."

어릴 때 가지고 놀던 작은 나침반 하나가 아인슈타인의 인생과 인류 과학에 어마어마한 영향을 줄 열쇠였던 거예요.

바이올린은 내 단짝

한편 아인슈타인에게 평생 단짝 같은 것이 있었는데 바로 바이올린이에요. 평소 음악을 사랑했던 어머니는 아인슈타인에게 악기를 가르치려고 여섯 살 때 바이올린을 선물했어요.

하지만 아인슈타인도 처음엔 바이올린 수업을 엄청 싫어했어요. 매일 똑같은 걸 기계처럼 계속 연습해야 하는 것이 끔찍하게 지겨웠거든요.

바이올린 수업을 받다가 짜증을 부리며 급기야 선생님에게 의자를 집어던지기도 했어요. 결국 첫 번째 바이올린 선생님은 이런 학생은 다신 가르치지 않겠다며 그만두고 말았지요.

바이올린을 몹시도 싫어하던 아인슈타인이 열세 살 때 우연히 모차르트의 소나타를 듣게 되었어요. 그러고는 스스로 바이올린을 꺼내 모차르트 곡을 연습하기 시작했어요. 그때부터 아인슈타인은 바이올린을 사랑하는 사람이 되었지요.

세월이 흐른 뒤 아인슈타인은 이렇게 말했어요.
"모차르트의 음악은 매우 순수하고 아름다워서 우주

의 아름다움을 표현한 것 같아. 내가 만약 물리학자가 되지 않았다면, 아마도 음악가가 되었을 거야."

아인슈타인은 언제 어디를 가든 바이올린을 꼭 가지고 다녔어요.

　자신과 가족, 친구들을 위해 바이올린 연주하는 것을 즐겼고, 연구가 잘 풀리지 않을 때마다 바이올린 연주를 하면 연구의 실마리를 금세 찾아내곤 했어요. 바이올린은 아인슈타인에게 변치 않는 좋은 친구가 되었던 거예요.

학교는 정말 괴로워!

아인슈타인이 학교에 들어갈 무렵, 아버지는 삼촌 야코프와 함께 뮌헨에서 전기 공장을 운영했어요.

어린 아인슈타인은 아버지의 전기 공장이 놀이터나 마찬가지였죠. 버튼 하나로 저절로 움직이는 커다란 기계며 신기한 공구와 발명품들을 보고 만지며 과학적 호기심이 무럭무럭 자라났지요.

아인슈타인은 궁금한 게 점점 많아졌고, 학교에 가면 선생님들이 아인슈타인이 궁금해하던 모든 수수께끼들을 척척 풀어 줄 줄 알았어요. 하지만 그 꿈은 입학 첫날부터 와장창 깨지고 말았지요.

"너 유대인이라며? 유대인 주제에 우리랑 같은 학교에 다니겠다고?"

"말도 안 돼! 당장 유대인 학교로 꺼져!"

당시 유대인은 대부분 유대인 학교에 다녔지만, 아인

슈타인은 가톨릭 학교에 입학했어요. 그 학교엔 유대인이 거의 없었기 때문에 친구들에게 심한 괴롭힘과 따돌림을 받았어요.

수업 시간에도 괴롭기는 똑같았어요. 아인슈타인이 평소 궁금해 하던 자석이 끌어당기는 원리라든지 우주의 신비 등은 질문도 못하게 했고, 학생들은 무조건 선생님이 시키는 대로만 해야 했어요.

과학과 수학을 뺀 나머지 과목에 점점 흥미를 잃은 아인슈타인은 수업 시간마다 멍하니 딴 생각만 했어요. 그러니 선생님들도 좋아할 리가 없었지요. 어떤 선생님은 아인슈타인의 성적표에 이렇게 적었어요.

이 학생은 장차 커서 어떤 일을 해도 성공할 수 없을 것으로 판단됨!

힘겹게 초등학교를 마친 아인슈타인은 중, 고등학교 과정인 김나지움에 입학했어요. 괴로웠던 초등학교를 탈출했다는 기쁨도 잠시, 더 끔찍한 학교생활이 아인슈타인을 기다리고 있었어요.

김나지움은 학교가 아니라 군대 그 자체였어요. 선생님을 '대장님'이라고 부르고, 모든 학생들은 군인처럼 교복을 입어야 했지요.

또 선생님은 학생들을 훈련시키듯 수업 시간 내내 엄격한 지시와 명령만 내렸어요.

아인슈타인은 자유와 개성이라곤 하나도 없는 김나지움에 점점 지쳐 갔어요. 그나마 집에서 삼촌 야코프와 가족 친구인 탈무트라는 의대생 형과 함께 과학, 수학, 철학에 관한 책을 읽고 토론하는 재미에 푹 빠져 지냈어요.

얼마 지나지 않아 탈무트는 아인슈타인의 천재성을

알아봤어요. "아인슈타인의 수학적 천재성은 너무 높아서 내가 더 이상 따라가지 못하게 되었다."라고 말했지요.

이즈음 아버지의 전기 공장이 그만 망하고 말았어요. 하는 수 없이 가족들은 이탈리아 밀라노로 이사를 하고 작은 공장을 새로 차리게 되었어요. 하지만 아인슈타인은 혼자 독일에 남아 김나지움에서 마지막 학년을 마쳐야 했어요.

하루하루가 괴로웠어요. 가족이 너무 보고 싶어서 괴로웠고, 학교생활이 감옥처럼 끔찍해서 괴로웠어요. 그런 아인슈타인에게 선생님들은 '아무짝에도 쓸모없는 아이'라며 매일같이 야단치고 매로 때렸어요.

아인슈타인은 밤새 좋아하는 책을 읽고 바이올린을 연주하면서 참고 견뎌 보았지요. 하지만 어느 순간 단 하루도 학교에 다니고 싶지 않았어요. 결국 열다섯 살

나이에 김나지움을 뛰쳐나가고 말았어요. 도망치듯 가족이 있는 이탈리아로 갔지요.

대학 입학시험에 떨어졌다? 붙었다?

처음에 부모님은 매우 걱정했어요. 느닷없이 아들이 학교를 그만두고 집에 돌아와선 다신 학교로 돌아가지 않겠다고 버텼으니까요. 하지만 부모님도 차츰 아인슈타인의 생각을 받아들이게 되었어요.

아인슈타인은 시간이 날 때마다 아버지 공장에 가서 일을 도왔고, 틈틈이 도서관이나 박물관에서 마음껏 책을 읽으며 자유로운 시간을 즐겼어요.

"아인슈타인, 도대체 언제까지 이렇게 살 생각이니?"

얼마 동안 지켜보던 아버지는 아인슈타인에게 물었어요. 그러고는 진지하게 고민해 보라고 했지요.

"저, 스위스에 있는 취리히 공과 대학에 들어가고 싶

어요."

아인슈타인은 고민 끝에 대답했지요.

그런데 취리히 공과 대학 입학시험은 나이가 열여덟 살 이상이어야 볼 수 있었어요. 아쉽게도 아인슈타인은 열여섯, 두 살이나 어렸어요.

다행히 김나지움을 그만두기 전, 수학 선생님이 대학 공부를 하기에 충분하다는 추천서를 써 줬어요. 그 덕분에 취리히 공과 대학 입학시험을 치를 수 있게 되었어요.

하지만 아인슈타인은 입학시험에 그만 떨어지고 말았어요. 수학과 과학은 높은 점수를 받았지만 다른 과목은 형편없는 점수를 받았거든요. 그래도 이 대학 교수들은 아인슈타인의 남다른 재능을 인정해서 입학을 허락했어요. 단, 한 가지 조건을 달았는데 바로 고등학교를 졸업하고 와야 한다는 것이었어요.

엉뚱한 상상이 첫 사고 실험으로

아인슈타인은 고등학교를 졸업하기 위해 아라우 주립 학교에서 1년간 공부하게 되었어요. 취리히 공과 대학 시험에 떨어진 게 행운이었을까요?

아라우는 독일에서 다녔던 김나지움과 분위기가 완전 달랐어요. 자유롭게 생각하고 마음껏 토론할 수 있었어요.

세월이 흐른 뒤 아인슈타인은 아라우 주립 학교에서 보낸 1년을 '천국에서의 1년'이라고 할 정도로 행복한 시간으로 기억했어요.

이즈음 아인슈타인의 머릿속에는 시도 때도 없이 수많은 상상들이 떠오르기 시작했어요. 그럴 때마다 상상을 그냥 흘려보내지 않았어요. 꼬리에 꼬리를 물고 질문하고 생각하며 실험을 했어요. 당시 아인슈타인은 머릿속에 온통 빛에 대한 호기심으로 가득 차 있었어요.

 아인슈타인의 물음표

내가 만약 빛을 타고 빛의 속도로 달린다면 어떻게 될까?
자, 하나씩 상상해 보자! 지금 나는 빛 위에 올라타고 빛의 속도로 날아가듯 달리고 있어. 그럼 그 순간 세상은 어떻게 보일까?
만약에 빛의 속도로 달릴 때 손에 거울을 들고 얼굴을 본다면 그 거울에 내 모습이 보일까? 안 보일까?

이렇게 머릿속으로 생각하면서 실험하는 걸 '사고 실험'이라고 해요. 쉽게 말하면 '상상 실험'이라고 하는데 이 빛에 관한 사고 실험이 아인슈타인의 인생 첫 사고 실험이었어요. 물론 그 당시에 이 첫 사고 실험에 대한 해답을 찾지는 못했어요. 하지만 아인슈타인의 머릿속에선 빛에 대한 사고 실험이 몇 년간 계속 되었지요.

으악, 실험실이 펑!

이듬해, 아라우 주립 학교를 졸업한 아인슈타인은 취리히 공과 대학에 입학했어요.

아인슈타인은 그 어느 때보다 열심히 공부했어요. 학교 강의뿐 아니라 스스로 새로운 과학 이론에 관한 책이나 자료를 찾아 연구했어요.

그러다 보니 강의 내용이 자기가 공부한 것과 다르면 교수들에게 바로 조목조목 따져 묻기 일쑤였어요. 교수들은 이런 아인슈타인이 자기들을 무시하는 아주 건방진 학생이라며 못마땅해 했어요.

아인슈타인은 강의에 점점 흥미를 잃어 결석을 밥 먹

듯 했어요. 어떤 교수는 그를 '게으른 개'라 부르기까지 했지요.

하지만 아인슈타인은 강의실만 가지 않았을 뿐 절대 공부를 게을리하지 않았어요. 우주, 물질, 철학 등 다양한 분야를 끊임없이 연구하고, 항상 노트를 들고 다니면서 번뜩 떠오르는 생각을 놓치지 않고 꼼꼼히 적어 두었지요.

아인슈타인은 교수들의 뒤처진 이론을 듣느니 차라리 혼자 힘으로 연구하는 게 낫다고 생각했어요. 실험실 수업에서도 마찬가지였어요.

'도대체 왜 매번 실험을 누구나 다 아는 뻔한 방법으로만 하는 거지? 아무도 해 보지 않은 새로운 방법으로 실험하는 것이 진짜 실험 아닐까? 그렇다면 내가…….'

그래서 주위의 반대에도 매번 자기가 새로 연구한 방법으로 실험하다가 어느 날은 그만 '펑!' 하고 터져 버

렸지요.

다행히 크게 다치진 않았지만, 그 폭발 사건 이후로 화가 머리끝까지 난 교수들은 아인슈타인을 아예 실험실에 출입 금지시키고 꼴도 보기 싫어했어요.

특히 평소 아인슈타인의 재능을 눈여겨보던 세계적인 물리학자 베버 교수는 그 누구보다 아인슈타인에게 실망했지요.

"아인슈타인, 자네는 정말 똑똑한 학생이야. 재능도 있고 열정도 넘치는 학생이지. 하지만 굉장히 안 좋은 점이 하나 있어. 바로 남의 말을 전혀 들으려 하지 않는다는 거야!"

반면 대학 생활이 힘들어질 때마다 아인슈타인에게 힘이 되어 준 건 역시 친구들이었어요. 그 중 밀레바라는 여자 친구와 사랑에 빠져 나중에 결혼까지 하게 되었지요.

드디어 백수 탈출!

대학을 졸업하면 밝은 미래가 펼쳐질 거라 생각했던 아인슈타인. 하지만 현실은 정반대였어요. 당시엔 대학을 졸업하면 그 대학에서 조교로 일할 기회가 주어졌지만 아인슈타인은 거절당했어요.

아인슈타인을 못마땅하게 여기는 교수들이 허락할 리가 없었지요. 다른 대학에도 편지를 보냈지만 거절당하긴 마찬가지였어요. 그 무렵 아버지의 전기 공장이 또다시 망해 집안 형편은 매우 어려워졌어요.

"가족을 위해서라도 내가 얼른 취직해서 돈을 벌어야 할 텐데……."

하는 수 없이 학교, 보험 회사, 임시 가정 교사 등 닥치는 대로 일자리를 찾아 헤맸지만 대학을 졸업한 지 2년 가까이 백수로 지내야 했어요. 천하의 아인슈타인이 백수였다니!

이 딱한 사정을 알게 된 친구 그로스만의 도움으로 스위스 베른에 있는 특허청에 겨우 취직하게 되었어요. 특허청에서 맡게 된 일은 새로운 발명품들이 얼마나 창의적인지, 작동은 잘 되는지 등 특허 심사를 하는 일이었어요.

특히 전기 장비에 관한 발명 특허를 주로 맡아 심사했는데 아인슈타인에겐 그다지 어렵지 않았어요. 어려서부터 아버지의 전기 공장에서 일을 도우며 보고 배운 경험이 큰 도움이 되었지요.

아인슈타인은 특허청 일이 생각보다 무척 즐거웠어요. 날마다 새로운 발명품을 만날 수 있었으니까요.

하지만 특허청에서 일한 지 얼마 되지 않아 큰 슬픔이 찾아왔어요. 아버지가 심장병으로 세상을 떠나고 만 거예요.

아인슈타인은 충격과 슬픔을 잊기 위해 특허청 일도

더욱 열심히 하였고, 퇴근 후엔 밤을 새워 새로운 연구에 매달렸어요. 그 사이 태어난 아들 한스를 돌볼 때에도 한 손으로는 요람을 흔들어 주면서, 한 손으로는 공식을 풀고 책을 읽으며 연구를 멈추지 않았어요.

아인슈타인, 수사관이 되다

1905년, 마침내 아인슈타인은 인류의 과학 역사에 길이 남을 놀라운 논문을 다섯 편이나 쏟아 냈어요. 이 논문들은 당시 유명 과학 잡지 〈물리학 연보〉에 발표되었고, 그 내용은 지금까지 사람들이 세상을 바라보는 사고방식을 완전히, 영원히 바꿔 놓았지요. 그래서 사람들은 1905년을 '아인슈타인의 기적의 해'라고 부르게 되었어요.

이렇게 세상을 뒤집어 놓은 이 논문들이 아인슈타인

에겐 결코 어느 날 아침 하늘에서 뚝 떨어진 기적이 아니었어요. 어린 시절부터 머릿속에서 사라지지 않고 계속 맴돌던 의문 하나! 그 의문의 해답을 찾기 위해 10년 넘게 끊임없이 연구에 연구를 거듭했던 거예요.

아인슈타인은 마치 해결되지 않은 범죄 사건을 파헤치기 위해 흩어져 있는 단서들을 추리하고 분석하는 수사관 같았어요.

오랫동안 풀리지 않은 수수께끼로 남아 있던 '빛'에 대한 의문을 하나씩 하나씩 추리해 나가면서 진짜 범인을 향해 수사망을 좁혀 나갔지요.

첫 번째 미션: 빛의 정체를 밝혀라!

아인슈타인의 첫 번째 미션은 빛의 정체를 밝히는 것이었어요.

어린 시절, 아인슈타인은 교실 안으로 쏟아져 들어

오는 햇빛을 보며 '내가 만약 저 빛을 타고 빛의 속도로 달린다면 어떻게 될까?' 하고 엉뚱한 상상을 했지요.

청년이 되어 여자 친구와 호숫가에서 배를 타고 데이트를 할 때였어요. 물 위로 눈부시게 빛나는 햇빛을 보며 '아, 도대체 이 아름다운 빛의 정체는 뭘까?' 궁금해했지요. 아인슈타인은 본격적으로 수사를 시작했어요.

 아인슈타인의 물음표

빛의 정체는 '물결'일까? '알갱이'일까?

빛의 정체는 아인슈타인 이전에도, 그 이후에도 수많은 과학자들이 풀고 싶어 했던 수수께끼였어요.

일찍이 뉴턴은 빛은 알갱이(= 입자)로 이루어져 있다고 주장했어요. 사람이 서 있을 때 그림자가 생기지요? 그건 빛이 알갱이기 때문에 물체가 있는 곳을 통과하지

못하고 그림자가 생긴다는 거지요.

하지만 이후 대부분의 과학자들은 빛은 물결(= 파동)이라고 주장했어요. 만약 빛이 알갱이라면 서로 부딪쳤을 때 튕겨 나가는 현상이 있어야 하는데, 빛과 빛은 아무리 겹쳐지고 부딪쳐도 바다의 파도처럼 서로 합쳐져 계속 움직여 나아가는 특성이 있거든요.

🧠 아인슈타인의 추리

빛은 물결이기도 하면서 '동시에' 알갱이라면?

그야말로 지금껏 그 누구도 생각하지 못했던 추리였어요. 과학계에선 물결이 맞다, 알갱이가 맞다 둘 중 하나라고 주장했지, 어느 누구도 둘 다 동시에 가능할 수도 있다는 추리를 한 사람은 없었거든요. 아인슈타인은 두 이론이 각각 옳은 점이 있지만 보완해야 할 점이 있다는 걸 알아냈어요.

빛이 물체에 부딪치면 파도가 벽에 부딪칠 때처럼 반사되는 현상, 고체의 가장자리를 지날 때 빛이 휘어지며 돌아가는 현상, 빛줄기들이 서로 만나면 아무 변화 없이 합쳐지는 현상 등은 모두 빛이 '물결'처럼 움직인다는 확실한 증거였어요.

 과학적 실마리

모든 물체는 에너지를 빨아들이고 내보내는데, 이때 전자기파 형태로 내보내는 현상(복사 에너지)에 대한 것이 흑체 복사 이론입니다. 이 현상은 물체의 온도에 직접적인 영향을 받는데 1900년에 독일의 물리학자 막스 플랑크는 복사 에너지가 마치 덩어리처럼 띄엄띄엄 떨어진 에너지 값을 갖는다는 가설로 그동안 풀 수 없었던 문제를 해결할 수 있었어요. 아인슈타인은 이 주장에서 과학적 실마리를 얻어 '광전 효과'에 대한 연구를 하게 되었다고 해요.

하지만 자신이 평소 존경하던 막스 플랑크의 새로운 이론을 접한 뒤, 뭔가 사건 해결의 실마리를 얻은 것 같았어요. 연구를 거듭한 끝에 아인슈타인은 빛이 빛 알갱이들이 모여서 이루어진 다발이라는 결론에 도달했어요. 그 빛 알갱이를 '광자'라고 불렀지요.

이 광자는 단단한 물체가 아니라 아주 작은 에너지 알갱이와 비슷해서, 광자가 에너지를 충분히 갖게 되면 자신의 원자에서 그 일부분인 아주아주 작은 알갱이(=

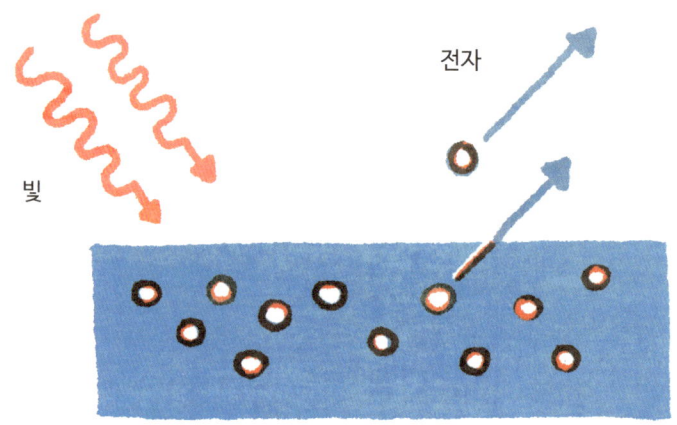

전자) 하나를 내보낸다는 것이었어요. 이것을 '광전 효과'라고 해요.

당시 물리학자도 아닌, 특허청 직원이었던 아인슈타인이 발견해 낸 광전 효과 이론은 유명한 과학자들 사이에서 전혀 받아들여지지 않았어요. 대부분 여전히 빛은 물결(파동)이라고 믿는 추세였거든요.

사건 해결

1916년, 결국 광전 효과 이론은 실험으로 입증이 되었고, 그 뒤로 다른 과학자들의 실험을 통해 아인슈타인의 수사가 옳았음이 분명하게 입증되었어요. 이로써 빛의 정체는 알갱이면서 '동시에' 물결임이 밝혀졌지요.

사건 종료, 그 후

1921년, 마침내 아인슈타인은 이 광전 효과에 대한 연구로 노벨 물리학상을 거머쥐게 되었어요. 이름도 어려운 광전 효과 이론을 우리는 과학책에서만 만날 수 있을 것 같지만 사실은 그렇지 않아요. 오늘날 일상생활 곳곳을 유심히 살펴보세요. 아인슈타인의 광전 효과 이론이 속속 숨어 있거든요.

태양 전지, 음주 측정기, 계산기, 디지털 카메라, 자동문, 복사기 토너, 자동 점멸 가로등, 태양광 발전소, 태양광 자동차 등 다양한 분야에서 활용되고 있지요.

두 번째 미션: 시간과 공간은 그때그때 달라!

오랫동안 '빛'에 푹 빠져 있던 아인슈타인의 머릿속에 새로운 연구거리가 아른거리기 시작했어요. 바로 '시간과 공간'이었지요.

"시간과 공간은 절대적이다!"

이 말은 시간이 언제 어디서나 똑같이 흐르고, 공간

은 어느 누구에게나 변하지 않는 것이라는 뜻이에요. 수천 년 동안 그 누구도 의심하지 않던 사실이지요.

하지만 어느 날부터인지 단 한 사람, 아인슈타인은 의심하기 시작했어요. 마치 범인이 잡혀 해결되었다고 여겼던 사건을 의심의 눈초리로 다시 들여다보는 수사관처럼 말이죠.

 아인슈타인의 의심

왜 시간과 공간은 모든 사람들에게 항상 똑같다고 믿는 거지?

그즈음 아인슈타인은 다른 과학자들의 실험 결과 등 새로운 과학 이론을 통해서 '빛의 속도가 항상 일정하다'는 것을 알게 되었어요. 아인슈타인은 이 생각이 어쩌면 자신이 품고 있던 '의심'을 해결하는 데 결정적인 열쇠가 될 거라고 생각했어요.

'수많은 방법으로 아무리 많이 실험을 해 봐도 빛의 속도는 항상 똑같다면……. 혹시 시간과 공간에 대한 우리의 생각이 완전 잘못된 것 아니었을까?'

의심은 곧 끈질긴 추리와 분석으로 이어졌어요.

 과학적 실마리

마이컬슨과 몰리의 실험: 빛의 속도를 조사한 실험으로, 여러 방향으로 빛을 쏘고 그 빛이 도착하는 시간을 측정했어요. 그런데 어떤 방향으로 실험해 보아도 빛이 도착하는 데 걸리는 시간은 모두 똑같았어요. '빛의 속도는 항상 일정하다.' 는 중요한 과학적 사실을 발견했지요.

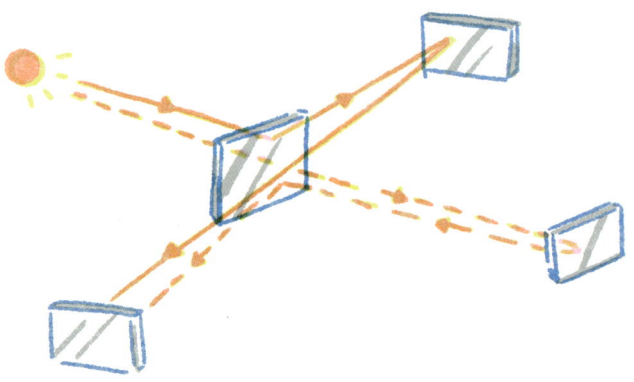

누군가 아인슈타인에게 연구할 때 가장 중요한 것이 무엇이냐고 물은 적이 있어요. 그러자 아인슈타인은 말했어요.

"질문을 절대 멈추지 않는 것이에요. 호기심은 그 나름의 분명한 이유가 있으니 우리는 신성한 호기심을 결코 잃어서는 안 됩니다."

그의 말처럼 아인슈타인은 스스로에게 끊임없이 질문하며 사고 실험을 이어 갔어요.

어떤 사물이나 현상을 보고 호기심을 갖는 것은 매우 중요해요. 세상을 바꿀 수 있는 계기가 될 테니까요.

 아인슈타인의 추리

사고 실험 1.
달리는 기차 안 한가운데에서 앞뒤를 향해 공을 같은 속도로 '동시에' 던지면 기차 안에 있는 사람과 기차 밖에 있는 사람은 공이 각각 어떻게 보일까요?
두 사람 다 공이 앞뒤 벽에 '동시에' 부딪친 것으로 보여요.

사고 실험 2.

달리는 기차 안 한가운데에서 앞뒤를 향해 빛을 쏘면 기차 안에 있는 사람과 기차 밖에 있는 사람은 빛의 속도가 어떻게 보일까요? 기차 안에 있는 사람은 빛이 동시에 부딪친 것으로 보여요. 하지만 기차 밖에 있는 사람은 약간 차이가 있는 것처럼 보여요. 왜냐하면 빛의 속도는 항상 일정하니까 거리가 짧은 뒤 벽에 먼저 부딪치고, 앞 벽엔 아주 조금 늦게 부딪친 듯 보이죠.

"이럴 수가! 그래, 바로 이거야!"

영영 풀리지 않을 것 같던 사건의 실타래에서 갑자기 실마리가 풀려 나오는 것 같았어요.

똑같이 일어난 사건을 어떤 사람은 동시에 일어난 것으로 보고, 어떤 사람은 시간 차가 있는 것으로 보는 것이죠.

즉 보는 사람이 움직이느냐 멈춰 있느냐에 따라 시간이 다르게 흐르는 것이 아닐까? 하고 아인슈타인은 추리했어요. 이것은 그때까지 오래도록 믿어 왔던 시간에 대한 생각을 뒤엎는 대형 사건이었어요.

 사건 해결

1905년 9월 아인슈타인은 세상에 절대 시간과 절대 공간은 없으며 관측하는 사람에 따라 달라진다는 내용의 논문을 과학 잡지 <물리학 연보>에 발표했어요.
사람마다 경험하는 시간은 움직이는 속도에 따라 달라진다는 거예요. 이 논문에 담긴 이론을 '특수 상대성 이론'이라고 불러요.

세상에서 가장 유명한 방정식

아인슈타인은 특수 상대성 이론에 관한 논문을 발표한 후, 머리도 식힐 겸 휴가를 떠났어요. 그런데 휴가지에서 아인슈타인은 친구에게 이런 편지를 보냈어요.

나에게 갑자기 재미있고 신기한 생각이 떠올랐다네.
물체의 질량이 그 물체가 갖고 있는 에너지를 표현하는 수단이라면 믿겠나?
한마디로 질량과 에너지는 같다는 말일세.

아인슈타인은 휴가에서 돌아오자마자 재미있는 생각을 하나씩 되짚어 가며 과학적 해답을 찾기 위해 노트에 다시 뭔가를 긁적이기 시작했어요. 그리고 특수 상대성 이론을 발표한 지 3개월 만에 세상에서 가장 유명한 방정식을 발표하게 되었어요.

$$E = mc^2$$

물질이 지닌 에너지 = 물질의 질량 × (빛의 속도 × 빛의 속도)

이 방정식 또한 그때까지의 상식을 뒤집는 놀라운 생각이었어요. 이 방정식대로 된다면, 사탕 한 알 정도의 질량을 모두 에너지로 바꿨을 때 어마어마한 에너지가 발생한다는 것을 증명해 낸 것이죠. 당시엔 에너지나 질량은 항상 일정하다고 믿었거든요.

아인슈타인은 다른 과학자들이 자신의 특수 상대성 이론을 보고 어떤 반응을 보일지 조마조마하게 기다렸어요.

하지만 아무리 기다려도 특수 상대성 이론에 대한 칭찬이나 비난 등 아무 반응도 없었어요. 알고 보니 아인슈타인의 논문을 많은 과학자들이 읽긴 했지만, 그 내용이 너무 엉뚱하다거나 어려워서 아예 이해하지 못했던 거예요.

'그렇게 오랫동안 연구해 발표한 이론인데 아무도 관심조차 없다니…….'

아인슈타인은 크게 실망했어요. 다른 과학자들이 이 놀라운 특수 상대성 이론을 이해하고 옳다고 인정하기까지는 몇 년이 걸렸지요.

사건 종결, 그 후

과학자들은 아인슈타인의 $E=mc^2$을 이용해 새로운 에너지 실험을 하기 시작했어요. 그 결과 아주 작은 물질에서 엄청난 양의 에너지를 만들 수 있게 되었고, 그래서 우리의 생활은 이전보다 훨씬 편리하고 풍요로워졌지요.

하지만 그와 동시에 끔찍한 일이 벌어졌어요. 이 이론을 이용해 '원자 폭탄'이라는 무시무시한 무기를 개발한 것이죠. 제2차 세계 대전 당시 미국은 원자 폭탄을 일본에 투하해 수많은 사람들이 죽게 되었어요. 그 소식을 전해들은 아인슈타인은 자신의 이론 때문에 생긴 비극이라며 슬픔의 눈물을 흘렸어요.

양말 안 신는 괴짜 교수님

시간이 지나면서 특수 상대성 이론이 과학자들 사이에 서서히 알려지게 되었어요. 얼마 후 자신이 다녔던 취리히 공과 대학에서 교수로 와 달라는 제안을 받게 되었지요.

아인슈타인은 뛸 듯이 기뻤어요. 대학에서 학생들을 가르치며 마음껏 연구하는 것이 오랜 꿈이었거든요. 아인슈타인은 7년간 다녔던 특허청을 그만두고 취리히 공과 대학 물리학과 교수가 되었어요.

그런데 아인슈타인은 다른 교수들과 겉모습부터 완전히 달랐어요. 항상 헝클어진 폭탄 머리, 꼬깃꼬깃 구겨진 재킷, 발목이 다 보이는 짧은 바지, 양말을 신지 않은 맨발,

아인슈타인은 차림새만 이상한 것이 아니라 강의 방식도 특이했어요.

강의 내용을 적은 작은 메모지나 주욱 찢어 온 종이 상자 조각 몇 개만 달랑달랑 들고 강의실로 들어왔지요.

아인슈타인은 학생들과 자유롭게 토론하고, 아무 때나 질문하고 반대 의견을 내도록 했어요.

강의를 마치면 아인슈타인은 자주 물었어요.

"강의 끝! 카페에 가서 나랑 더 토론할 사람?"

양말 안 신는 괴짜 교수님의 열정 넘치는 강의는 학생들 사이에서 점점 인기가 높아졌어요.

오래지 않아 과학자들 사이에서도 아인슈타인의 특수 상대성 이론에 대한 관심이 쏟아지면서 각종 국제 과학 회의에 초청 받았지요.

젊은 아인슈타인은 세계적인 과학자들 앞에서 자신의 이론을 거침없이 발표했고, 그의 놀라운 이론이 알려지자 아인슈타인은 누가 뭐래도 그 시대 최고의 물리학자로 인정받게 되었어요.

빨간 장미는 YES! 하얀 장미는 NO!

몇 년 전만 해도 모든 대학에서 거절당했던 아인슈타인이 이제는 각 나라의 유명 대학에서 파격적인 조건까지 제시하며 서로 모셔 가려고 경쟁을 벌이는 과학자가 되었어요.

독일의 유명한 과학자 막스 플랑크와 발터 네른스트는 아인슈타인을 만나기 위해 스위스 취리히까지 직접 찾아왔지요.

"만약 아인슈타인 교수가 독일 베를린으로 와 주기만 한다면 베를린 대학의 교수직은 물론, 유럽에서 가장 유명한 프로이센 과학원 최연소 회원, 카이저 빌헬름 과학 연구소 소장직도 다 주겠소."

막스 플랑크는 베를린 대학교 총장으로 근무했으며 아인슈타인의 상대성 이론에 관심이 많았어요.

이 엄청난 제안에 아인슈타인도 마음이 흔들린 건 사

실이었어요. 하지만 어린 시절 쫓겨나다시피 해 국적까지 포기한 독일로 다시 돌아가야 한다고 생각하니 쉽게 결정을 내릴 수가 없었어요.

아인슈타인은 두 사람에게 딱 하루만 생각할 시간을 달라고 했어요.

"내일 기차역에서 다시 만나면 답을 드리겠습니다. 제가 만약 빨간 장미를 달고 있다면 제안을 받아들인다는 뜻이고, 하얀 장미를 달고 있다면 제안을 거절한다는 뜻으로 생각해 주십시오."

밤새 고민한 끝에 내린 아인슈타인의 결정은 무엇이었을까요?

다음날 기차역에 나타난 아인슈타인은 빨간 장미를 달고 있었어요. 다시 독일로 돌아가게 된 아인슈타인은 18년간 독일에서 활동했어요.

세 번째 미션: 빛, 시간과 공간은 휘어져 있다?

독일에 온 뒤 아인슈타인의 일은 더 잘 되어 갔지만 한편으로 부인 밀레바와는 사이가 점점 멀어졌어요. 결국 밀레바는 두 아들을 데리고 독일을 떠나 버렸고, 때마침 제1차 세계 대전이 일어나는 바람에 아인슈타인은 밀레바가 있는 스위스로 찾아가지도 못하는 상황이 되었어요. 결국 그들은 영영 헤어지고 말았지요.

일부 과학자들은 제1차 세계 대전을 주도한 독일의 침략 전쟁을 지지하며 전쟁을 돕자는 성명서까지 발표했지만, 아인슈타인은 전쟁에 절대 반대한다며 평화주의 활동을 펼쳤어요.

하지만 별 소용이 없자 크게 실망했고 아인슈타인은 잠시 미뤄 두었던 특수 상대성 이론에 관한 연구에 다시 매달렸어요.

아인슈타인은 특수 상대성 이론이 뭔가 완벽한 이론

같지 않았어요. 특수 상대성 이론은 두 관측자의 상대 속도가 일정한 경우에 해당하는 이론이었기 때문에, 우리가 지금 살고 있는 세상에서 일어나는 모든 현상을 설명하지는 못했어요. 즉 한 사람은 가만히 있고 다른 사람이 운동할 경우였죠.

한마디로 사건은 마무리되었지만 완벽하게 해결되지 않은 느낌이랄까? 아인슈타인은 과학적 보강 수사가 필요하다고 생각했어요.

 과학적 보강 수사

관찰하는 사람이 같은 속도, 같은 방향으로 운동할 때만 적용되는 특수 상대성 이론 말고 어떤 속도, 어떤 방향에서 운동을 해도 모두 적용이 되는 일반 상대성 이론을 찾아야 해!

아인슈타인은 주변에서 물체의 속도가 바뀌는 경우가 뭘까? 궁리하다가 문득 '중력'을 강력한 용의자로 지

목했어요. 중력은 물체가 서로 끌어당기는 힘을 말해요. 아인슈타인은 중력의 정체를 밝히기 위해 추리를 시작했어요.

아인슈타인의 추리

사고 실험 1.

나는 지금 엘리베이터에 타고 있어요. 그런데 만약 갑자기 '툭' 하고 엘리베이터의 줄이 끊어져 버린다면 나는 어떻게 될까요?

아마도 순간적으로 내 몸이 공중에 붕 뜨면서 내 주머니에서 빠져나온 물건들도 모두 공중에 뜰 거예요.

하지만 나는 어떤 힘 즉, 중력을 전혀 느끼지 못해요.

중력 '0' = 내 몸무게 '0'

엘리베이터가 밑으로 떨어지는 동안 중력과 가속도가 같아져서 중력은 '0'이 되니까요.

사고 실험 2.

만약 내가 탄 엘리베이터가 지구와 태양으로부터 멀리 떨어진 우주 공간으로 간다면 어떻게 될까요?

우주 공간은 중력이 '0'인 곳이니까 내 몸무게도 '0'이 되어 공중에 붕 떠 있겠죠. 그럼 좀 더 이상한 상상을 해 볼까요?

우주 공간에 떠 있는 엘리베이터를 굉장한 힘으로 위로 세게 잡아당긴다면 어떻게 될까요? 마치 정지한 로켓의 엔진에 불을 붙여서 위로 쏘아 올리는 것처럼요.

아마도 둥둥 떠 있던 나와 내 물건들은 순간적으로 엘리베이터 바닥에 곤두박질치고 말 거예요.

아인슈타인은 이 사고 실험을 통해 중력과 가속도는 같은 효과를 가진다는 것을 알아냈어요. 이 발견을 '내 생애 가장 행복한 생각'이었다며 기뻐했어요. 이 '행복한 생각'은 10년간 연구한 일반 상대성 이론의 퍼즐 조각들을 맞추게 해 준 핵심 열쇠가 되었지요.

아인슈타인이 엘리베이터에 관한 논문을 발표한 후, 파리에서 열린 학회에서 우연히 과학자 마리 퀴리와 그녀의 딸 이렌을 만났어요.

학회가 끝나고 아인슈타인은 마리 퀴리, 이렌과 함께 에펠탑에 올라가기 위해 엘리베이터를 탔어요. 그때 이렌이 말했어요.

"엘리베이터 줄이 끊어지지 않아야 할 텐데……. 아인슈타인 박사님의 엘리베이터는 절대 타고 싶지 않단 말이에요."

마리 퀴리처럼 물리학을 공부한 이렌은 이미 아인슈타인의 엘리베이터 논문을 읽었던 터라 아인슈타인에게 농담을 건넨 것이었지요. 이렌 역시 마리 퀴리처럼 나중에 노벨상을 받게 된답니다.

 **과학적 실마리**

아인슈타인은 일반 상대성 이론을 연구하면서 중력과 가속도 운동 사이에 깊은 관계가 있다는 사실을 바탕으로, 중력과 가속도는 같은 효과를 가진다는 '등가 원리'를 발견했어요.

오래전부터 중력은 물체와 물체 사이에 작용하는 서로 끌어당기는 '힘'이라는 뉴턴의 법칙이 맞다고 여겨왔어요. 하지만 '중력'의 정체를 파헤치던 아인슈타인은 중력은 결코 '힘'이 아니라고 생각했어요.

 아인슈타인의 추리

물체가 있으면 시간과 공간은 일그러진다?
평평한 트램펄린 한가운데에 무거운 볼링공을 놓으면 어떻게 될까 상상해 봐요.
평평했던 트램펄린 표면이 볼링공의 무게에 눌려 쑤욱 하고 들어가겠지요?
이때 작은 골프공들을 올려놓으면 쑤욱 들어간 트램펄린 곡면을 따라 가운데 자리잡은 볼링공 쪽으로 움직이겠지요.

　아인슈타인은 이것이 바로 중력이 작용하는 원리라고 했어요. 즉, 중력의 정체는 '시간과 공간의 일그러짐'이 만들어 내는 현상이라는 사실을 밝혀냈어요.

　아인슈타인은 한걸음 더 깊이 추리해 보았어요.

　'물체 때문에 시간과 공간이 일그러져 있다면 앞으로 직진하는 빛은 어떻게 움직일까?'

　시간과 공간이 일그러져 있다면 빛은 그 일그러진 공간을 따라서 움직이기 때문에 빛이 지나가는 길 또한 일그러질 것이라 생각했어요.

결국 중력 때문에 빛도 휘어지는 것처럼 보인다는 것이지요. 그래서 아인슈타인은 먼 별에서 날아오는 별빛이 태양 주위를 지나서 올 때 태양의 중력 때문에 그 빛이 휘어질 것이라고 예측했어요.

일반 상대성 이론이 현실이 되다!

지금까지 연구한 내용을 바탕으로 어떤 속도, 어떤 방향에서도 모두 적용되는 새로운 방정식을 발견했어요. 아인슈타인은 10년간의 힘겨운 연구 끝에 마침내 '일반 상대성 이론'을 완성했어요.

하지만 아무리 위대한 이론이라도 실제 실험이나 관측으로 확실하게 증명되지 않으면 그것은 그저 터무니

없는 엉뚱한 상상에 불과했어요. 일반 상대성 이론이 옳다는 것을 증명하려면 크고 무거운 물체 주위에서 빛이 휘어진다는 것을 입증해야 했어요.

일반 상대성 이론이 나온 지 5년 뒤, 영국의 천문학자 에딩턴에 의해 드디어 그 결정적 증거가 나왔어요. 에딩턴이 이끄는 탐사대가 아프리카 기니에서 일어난 개기 일식 장면을 관측하는 데 성공한 거예요.

에딩턴은 일반 상대성 이론을 증명함으로써 천체 물리학을 인기 있는 분야로 만들었지요.

일식
몇 년에 한 번씩 달이 지구와 태양 사이에 들어오면 지구에 그림자를 만들면서 마치 달이 태양을 가리는 것처럼 보이는 현상.

과학적 증명

1919년, 아프리카 기니에서 개기 일식이 일어났어요. 일식 때 태양 주위에 있는 별에서 오는 빛을 관측했더니 태양의 중력 때문에 시간과 공간이 일그러져 별은 원래 보여야 할 위치에서 조금 벗어난 곳에서 관측이 되었어요.

에딩턴의 관측 결과가 과학계에 공식 발표되자, 이 소식은 순식간에 전 세계로 퍼져 나갔어요.

영국의 유명한 물리학자는 "아인슈타인의 일반 상대성 이론은 뉴턴 이후 가장 위대한 발견으로, 이것은 새로운 대륙을 발견한 것과 같습니다."라고 말했어요.

이 소식은 신문이나 텔레비전 뉴스 할 것 없이 첫머리를 장식했어요.

특히, 영국의 유서 깊은 신문 '타임스'는 크게 기사를 실었지요.

> # THE TIMES
>
> 과학에 일어난 혁명!
> 우주에 대한 새로운 이론,
> 뉴턴의 중력 이론이 무너지다.

 사건 해결

아인슈타인은 1916년 일반 상대성 이론에 관한 논문을 발표하였으나, 실제로 실험이나 관측으로 검증이 되지 않아 과학계에서 정식으로 받아들이지 않았어요.

그러다 1919년 영국 왕립학회와 왕립천문학회는 천문학자 에딩턴이 찍은 일식 관측 결과를 검토한 후 과학계에 공식 발표했어요. "아인슈타인이 예측한 대로 태양의 강력한 중력 때문에 시공간이 휘어져 빛이 휘어진다는 것이 옳았음이 증명되었습니다! 우리는 이제 일반 상대성 이론을 겸허히 받아들여야 합니다."

과학계 슈퍼스타 탄생

아인슈타인은 이 역사적인 사건(?) 해결을 자축하기 위해 멋진 새 바이올린을 샀고, 과학계뿐 아니라 일반인들에게도 사랑받는 과학자가 되었어요. 그야말로 지구상에서 가장 유명한 슈퍼스타가 된 거지요.

하지만 아인슈타인은 시끌벅적한 행사나 형식적인 모임은 딱 싫어했어요. 여전히 검소하고 소박한 생활을 즐겼고, 유명 인사를 만나는 것보다 동네 아이들과 만나 학교 숙제를 도와주는 걸 더 좋아했어요.

시간이 갈수록 수많은 나라와 단체에서 앞다투어 아인슈타인을 초청했고, 일반 상대성 이론 강연을 해 달

라는 요청이 물밀듯 밀려들었어요. 그리하여 아인슈타인은 자기의 분신인 바이올린을 가지고 세계 각지를 돌며 강연 여행을 시작했어요.

전 세계를 돌며 자신의 이론을 누구나 이해하기 쉽게 설명하려 애썼고, 이렇게 직접 세상에 알릴 수 있다는 사실이 그저 행복했어요.

그 무렵 아인슈타인은 인생에서 큰 것을 잃기도 하고 얻기도 했어요. 부인 밀레바와 이혼을 하게 된 것이지요. 게다가 더 큰 슬픔도 찾아왔어요. 인생에서 큰 버팀목이었던 어머니가 위암으로 그만 세상을 떠나고 말았어요.

하지만 인생에 슬픈 일만 생기지는 않나 봐요. 어머니를 잃은 지 1년 뒤 아인슈타인은 마침내 과학자라면 받고 싶어 하는 노벨 물리학상을 받게 되었어요.

아인슈타인은 일반 상대성 이론이 검증된 후, 얼마 지나지 않아 다시 새로운 연구에 돌입했어요. 아직 세상에 한 번도 밝혀지지 않은 중력과 전기력 사이의 연결 고리를 파헤치기 시작한 것이지요.

원래 물리학자들은 물질에 작용하는 힘들을 통합하여 설명하려고 연구해 왔거든요.

'통일장 이론'이라고 부르는 이 이론을 연구하는 데

아인슈타인은 남은 삶의 대부분을 보냈어요. 하지만 이 이론은 애초에 너무 복잡하고 수많은 요소들이 얽히고 설켜 있어서 끝내 해법을 찾지 못하고 말았어요.

전쟁 속, 평화를 외치다

전쟁은 모두에게 끔찍한 것이었어요. 제1차 세계 대전이 끝난 뒤, 아인슈타인은 또다시 이런 끔찍한 전쟁이 일어나지 않도록 적극적인 '평화주의' 운동을 펼쳤어요.

하지만 당시 제1차 세계 대전을 일으켰던 독일은 전쟁에 패배한 뒤 나라가 망할 지경으로 경제가 어려워졌어요. 독일은 국민들의 불만과 비난이 들끓자 모든 책임을 유대인들에게 떠넘기면서 또다시 새로운 전쟁을

준비하기 시작했어요.

"유대인이 우리의 일자리를 다 빼앗고 있다! 유대인을 몰아내자!"

"세상에서 가장 우수한 사람은 순수한 혈통의 독일인뿐이다! 유대인을 없애 버리자!"

독일에서 유대인이자 평화주의자인 아인슈타인은 끊임없이 암살 위협을 받았어요. 하지만 아인슈타인은 물러서지 않았어요. 전 세계를 돌며 전쟁에 반대하는 평화주의 활동과 강연을 멈추지 않았지요.

날이 갈수록 유대인에 대한 탄압은 심해졌어요. 아인슈타인을 매일같이 감시하고 협박하는 것으로도 부족해, 강연 여행을 떠난 사이 독일군들이 집으로 들이닥쳐서 아인슈타인이 그간 연구한 자료와 책들을 모두 불태워 버리기까지 했어요.

다행히 습격 계획을 미리 안 가족이 아인슈타인의 귀

한 자료들을 챙겨서 안전한 곳에 숨겨 두었다고 해요. 미국에서 강연 중이던 아인슈타인은 자신에게 5,000달러의 현상금이 걸렸다는 소식까지 전해 듣고는 독일로 다시는 돌아가지 않기로 결심했어요.

전쟁보다 더 끔찍한 일

미국에서 가족과 새로운 생활을 시작한 아인슈타인은 프린스턴 대학 고등 연구소에서 통일장 이론에 관한 연구를 계속 이어 갔어요. '치코'라는 강아지와 '타이거'라는 고양이, 그리고 나중에는 '비보'라는 앵무새와도 함께 평화로운 나날을 즐기면서요.

그러던 어느 날, 동료 물리학자 실라르드와 위그너가 찾아왔어요. 그들이 가져온 소식은 아인슈타인을 소름 끼치게 만들었지요.

"지금 독일에서는 전쟁보다 더 끔찍한 일이 벌어지고

있다네."

"전쟁보다 더 끔찍한 일이라고?"

얼마 전 독일의 과학자 오토한과 리제 마이트너가 아인슈타인이 만든 공식 'E = mc^2'을 이용해 엄청난 에너지를 만드는 방법을 찾아냈던 거예요. 전쟁에 미친 독일의 히틀러는 그걸 이용해서 엄청난 파괴력을 가진 원자 폭탄을 만들려고 했지요.

"뭐? 원, 원자 폭탄?"

평화주의자인 아인슈타인은 자신이 만든 이론이 원자 폭탄이라는 전쟁 무기를 만드는 데 이용되고 있다는 사실이 참을 수 없이 괴로웠어요. 가만히 있을 순 없었어요.

고민 끝에 아인슈타인은 동료 과학자들과 함께 루스벨트 미국 대통령에게 편지를 써서 이 끔찍한 상황을 알렸어요. 그리고 독일의 폭주를 막을 수 있는 대책을 세워야 한다고 전했어요.

마침 그 무렵 독일은 전 세계를 공포의 도가니로 몰아넣었어요. 바로 제2차 세계 대전을 일으킨 거예요. 루스벨트 미국 대통령은 편지 내용을 검토하고 비밀리에 '맨해튼 프로젝트'라는 작전을 지시했어요.

이 작전은 미국이 독일보다 먼저 '원자 폭탄'을 만드는 것이었어요. 국가 일급비밀이었기 때문에 참여한 과학자들 외엔 아무도 몰랐지요. 심지어 아인슈타인도 모르게 진행되었어요.

내 생애 가장 큰 실수

쨍그랑!

1945년 8월 6일 저녁, 아인슈타인은 들고 있던 물컵을 그만 떨어뜨리고 말았어요. 방금 라디오에서 미국이 일본 히로시마에 원자 폭탄을 떨어뜨렸다는 소식을 똑똑히 들었거든요.

"이, 이, 이럴 수가!"

아인슈타인은 온몸이 떨려 금방이라도 쓰러질 것만 같았어요. 미국이 원자 폭탄을 만드는 데 성공했다는 사실도, 그 원자 폭탄을 실제로 떨어뜨릴 줄 상상도 못 했기 때문이에요.

게다가 원자 폭탄의 파괴력은 아인슈타인이 짐작했던 것보다 훨씬 엄청나서 더더욱 충격을 받았어요.

일본 히로시마에 원자 폭탄이 떨어지자 몇 초도 채 되지 않아 도시 전체가 파괴되었고, 20만 명 가까운 사람들이 그 자리에서 목숨을 잃었어요.

제2차 세계 대전은 역사상 가장 비극적인 전쟁으로 끝났어요. 아인슈타인은 괴로워서 미칠 것만 같았어요. 자신이 쓴 편지 한 통이 엄청나고 끔찍한 결과를 가져올 것이라곤 꿈에도 생각지 못했으니까요.

"내가 어리석었어! 그들이 이런 짓을 할 줄 알았다면 차라리 구두 수선공이 되었을 텐데······."

아인슈타인은 루스벨트 대통령에게 편지를 보낸 일을 '내 생애 가장 큰 실수'라며 두고두고 후회했어요.

그래도 다시 평화를 외치다!

하지만 언제까지 후회만 하고 있을 순 없었어요. 아인슈타인은 세계 평화를 위해 더욱 적극적으로 발 벗고

나섰어요. 각국 유명 신문에 글을 보내 세계 모든 나라가 평화를 위해 화해하고 협력할 것을 호소했어요. 그리고 '핵 과학자 비상 위원회'라는 단체를 만들어 핵무기, 핵전쟁의 위험성을 널리 알리려고 노력했지요.

제2차 세계 대전이 끝나자 또 다른 곳에서 전쟁이 벌어졌어요. 유대인들과 아랍인들이 팔레스타인이라는 나라를 차지하기 위해 서로 치열하게 싸웠어요. 결국 이 전쟁에서 유대인들이 승리하여 그 땅에 이스라엘이라는 나라를 세웠어요.

얼마 되지 않아 이스라엘의 초대 대통령이 죽었고, 이스라엘 국민들은 아인슈타인이 대통령이 되어 주길 원했어요. 이스라엘 정부는 아인슈타인에게 정식 요청을 했지요. 하지만 아인슈타인의 대답은 정중하면서도 단호했어요.

"대통령이 되는 것은 대단히 명예로운 일이지만, 나

에게는 정치보다 방정식이 더 중요합니다. 정치는 순간이지만 방정식은 영원하기 때문이지요."

영원히 사라지고, 영원히 남다

아인슈타인의 연구 열정은 70세가 넘어서도 여전히 대단했어요. 그러던 어느 날 아인슈타인은 심장에 심한 통증이 와 병원에 실려 갔어요.

아인슈타인은 처음엔 수술과 진통제 사용도 모두 거부했지요. 죽음을 거부하지 않고 자연스럽게 맞이하고 싶어 했거든요.

아인슈타인은 세상을 떠나기 바로 전날에도 가족에게 종이와 펜을 가져다 달라고 했어요. 그리곤 흐릿해져 가는 정신을 붙잡으며 지난 30년간 연구해 온 '통일장 이론'을 다시 들여다보며 말했어요.

"내가 수학을 조금만 더 잘 알았더라면······."

아인슈타인은 통일장 이론을 해결하지 못한 채 1955년 4월 18일 새벽 1시, 76세의 나이로 세상을 떠났어요. 아인슈타인의 유언대로 가까운 가족만 참석하는 조촐한 장례식을 치르고 화장했어요. 그리고 그 재는 아무도 모르는 델라웨이 강가 어딘가에 뿌려졌어요. 그 장소는 오직 가족만이 알고 있었지요.

묘지, 기념비, 기념관 등 자신과 관련된 그 어떤 것도 남기지 말아 달라는 아인슈타인의 유언에 따라 그의 흔적은 영원히 사라졌어요. 하지만 아인슈타인의 과학적 유산과 놀라운 호기심, 열정, 포기하지 않는 정신은 우리 곁에 영원히 남아 있을 거예요.

사건 대종결, 그 후

1999년 미국의 유명 시사 주간지 「타임」에서 20세기, 100년 동안 인류에 가장 중요하고, 가장 영향력 있는 인물로 아인슈타인이 선정되었어요.

아인슈타인은 20세기 가장 위대한 천재 물리학자로 활동했을 뿐만 아니라 정치, 경제, 인권 등 다양한 분야에서 평화주의자로 헌신했어요. 그렇기 때문에 이 시대의 진정한 인물이자 한 세기를 대표하는 인물로 선정된 것이지요.

아인슈타인의 생애

1879년 독일 울름에서 태어나다

1880년 아버지의 사업을 위해 뮌헨으로 이사하다

1886년 김나지움에 입학하다

1894년 김나지움을 중퇴하고 이탈리아 가족에게 가다

1895년 스위스 아라우 주립 학교 입학하다

1896년 스위스 취리히 공과 대학에서 물리학 공부를 시작하다

1902년 밀레바와의 사이에서 첫째 딸 리제 태어나다

           스위스 베른에 있는 특허청에서 일하다

           아버지가 세상을 떠나다

1903년 대학 친구 밀레바와 결혼하다

1904년 첫째 아들 한스 알베르트 태어나다

1905년 기적의 해. 특수 상대성 이론에 관한 논문 4편을 발표하다

1910년　둘째 아들 에두아르트 태어나다

1912년　스위스 취리히 공과 대학 교수가 되다

1913년　베를린 대학에서 일하기 위해 베를린으로 이사하다

1914년　제1차 세계 대전이 시작되다

1916년　일반 상대성 이론을 발표하다

1918년　제1차 세계 대전이 끝나다

1919년　개기 일식으로 일반 상대성 이론이 증명되다

　　　　　밀레바와 이혼, 엘자와 재혼

1920년　어머니가 세상을 떠나다

1921년　노벨 물리학상을 받다

　　　　　전 세계로 강연 여행을 다니기 시작하다

1926년　통일장 이론을 연구하다

1933년　독일 히틀러가 권력을 잡고 유대인을 더욱 탄압하다

1939년　제2차 세계 대전이 시작되다

　　　　　미국 루스벨트 대통령에게 독일이 원자 폭탄을 만들고 있다고 알리다

1940년　미국 시민이 되다

1945년　일본 히로시마에 세계 최초의 원자 폭탄이 떨어지다

　　　　　제2차 세계 대전이 끝나다

1952년　이스라엘 대통령이 되어 달라는 요청을 거절하다

1955년　아인슈타인 세상을 떠나다